Leseprofi

Einsatz bei Feuerwehr und Polizei

Mit Bildern lesen lernen

Katharina Wieker

Text und Bilder

FISCHER Duden Kinderbuch

Aus Verantwortung für die Umwelt hat sich der Fischer Kinder- und Jugendbuch Verlag zu einer nachhaltigen Buchproduktion verpflichtet. Der bewusste Umgang mit unseren Ressourcen, der Schutz unseres Klimas und der Natur gehören zu unseren obersten Unternehmenszielen.

Gemeinsam mit unseren Partnern und Lieferanten setzen wir uns für eine klimaneutrale Buchproduktion ein, die den Erwerb von Klimazertifikaten zur Kompensation des CO_2-Ausstoßes einschließt.

Weitere Informationen finden Sie unter: www.klimaneutralerverlag.de

Weitere Informationen zum Kinder- und Jugendbuchprogramm der S. Fischer Verlage finden Sie unter: www.fischerverlage.de

FSC www.fsc.org
MIX
Papier | Fördert gute Waldnutzung
FSC® C002795

Erschienen bei FISCHER Duden Kinderbuch

Lektorat: Sophia Marzolff
Fachberatung: Ulrike Holzwarth-Raether
Gestaltungskonzept und Layout:
Farnschläder & Mahlstedt, Hamburg
Umschlagkonzept: Frauke Schneider, Wittighausen
Umschlaglayout: Mischa Acker, Brühl
Umschlagillustration: Dennis Mertz

Druck und Bindung: Livonia Print, Riga
Printed in Latvia
ISBN 978-3-7373-3649-9

Dieses Buch gehört:

Inhalt

Ein Tag bei der Polizei

Ein Tag bei der Feuerwehr

Bei der Mini-Feuerwehr

Profifrage

Wie viele Sprossen siehst du an der Leiter?

Such mal!

Leitkegel

Helm

Schlauch

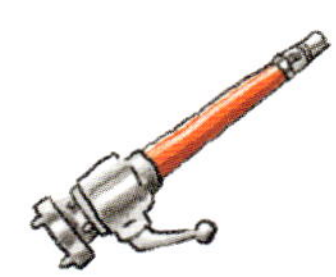

Spritze

Blaulicht

Lenkrad

Ben wird heute sechs.

Nun darf er endlich

zur Mini-  !

Papa fährt mit ihm zur Feuerwache.

Seine 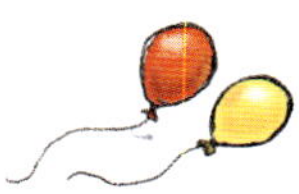 nimmt Ben mit.

Die  Anna begrüßt ihn

im  der Feuerwache.

Dort warten schon andere 

mit ihren  .

Ein  sagt: „Ich heiße Emmi."

Anna zeigt auf einen Mann.

Er hat einen  auf.

„Das ist  Flori“, sagt Anna.

Flori gibt jedem der  einen  .

Ben schnallt den 

unter dem  fest.

Er fühlt sich schon

wie ein echter .

Papa macht den  hoch.

„Kommt mit“, sagt Anna.

In der großen  parken

die  .

Die  stehen offen.

Jedes  darf sich einmal

hinter das  setzen.

Flori schaltet kurz das 

und die Sirene an.

Ist das laut!

Anna öffnet die 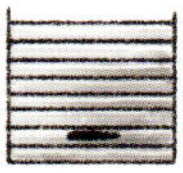 

und zeigt den ,

was ein  dabeihat:

, 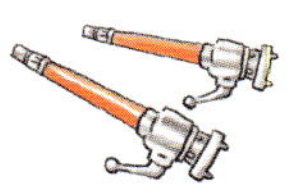, 

und .

Ben darf eine 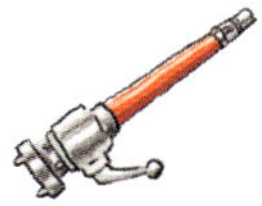 halten

und Emmi eine .

Ben spielt,

dass er ein  löscht.

Dabei gleiten die 

aus seinen 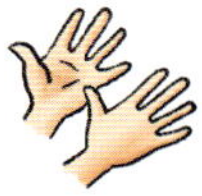.

Sie schweben hoch zur 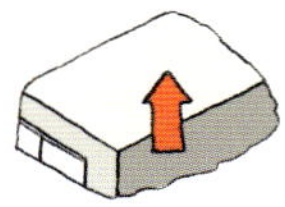.

Ben hat  in den .

Da steigt Anna auf ein 

und Flori fährt die 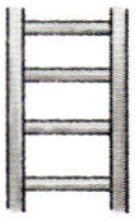 aus.

Anna klettert bis unter die 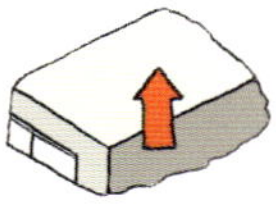

und holt die  zurück.

Alle  klatschen.

Im Aufenthaltsraum

Profifrage

Welche Dinge im Bild fangen mit T an?

Such mal!

Stiefel

Herd

Bett

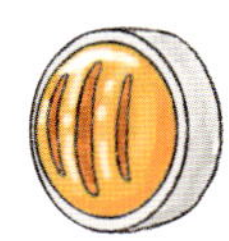

Lampe

Sofa

Stange

Nun gehen alle die 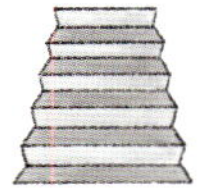 hinauf.

„Hier oben warten wir  ,

bis jemand ein  meldet“, sagt Anna.

„Die Feuerwache ist

rund um die  besetzt.“

Sie öffnet die  zu einem  .

Hier stehen  .

Nebenan sind  .

 brauchen starke  !

Eine gemütliche 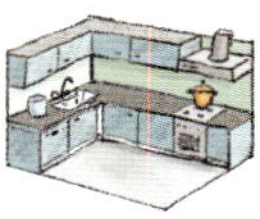 gibt es auch.

Die  winken den  zu.

Einer steht am  und brät ,

ein anderer raspelt  für .

Wieder andere sitzen auf dem 

und spielen .

„ haben es gut!“,

sagt Emmi zu Ben. Ben nickt.

Plötzlich ertönt ein 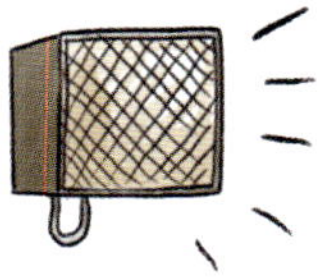

und eine  leuchtet auf. Alarm!

Der  schaltet schnell den  ab

und zieht die  von der  .

Die  rutschen

an einer  in die  hinunter.

Die  hören kurz die Sirene.

Dann ist das  schon weg.

Feuer löschen!

Profifrage

Rate mal: Was könnte in der Schachtel sein?

Such mal!

Stein

Zweige

Rauch

Streichhölzer

Eimer

Tisch

Alle gehen in den  zurück.

„Jetzt löschen wir mal ein “,

sagt Anna und führt die 

zu einem  aus 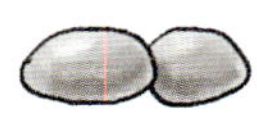.

„Wo ist denn das  ?“,

fragt Emmi.

„Das zünden wir jetzt an!“, sagt Flori.

Alle  dürfen  knüllen

und in den  legen.

Flori schichtet  auf das .

Anna zieht  aus der .

Jedes  darf einmal

ein  anzünden.

Ben hält seines in der ,

bis die  fast

die  berührt!

Nun reißt Anna ein  an

und hält es an das .

Kurz darauf prasselt ein 

in dem .

„Die  sorgen dafür,

dass das 

nicht zu groß wird“,

erklärt Flori.

„Und womit löschen wir das  ?“,

fragt Anna.

„Mit !“, rufen alle .

„Was geht noch?“, fragt Flori.

Die  sehen sich ratlos an.

Da zieht Flori eine 

aus einem .

Er schippt  auf das .

Das  geht aus.

„Juhu!“, rufen alle .

Bens  stellt einen 

mit sechs  auf den .

Alle singen ein Lied für Ben.

Da kommt das  zurück.

„Es gab kein “, sagt ein .

„Nur einen verkohlten .

Unsere  sind jetzt auch kalt.“

„Ihr könnt vom  essen!“,

sagt Ben.

„Erst löschen!“, rufen die  .

Ben pustet die 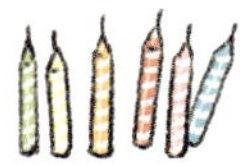 aus.

Eins weiß Ben sicher:

Wenn er groß ist, wird er  !

Lösungen:

S. 12–13: Es sind 14 Sprossen an der Leiter.

S. 24–25: Tisch, Topf, Topflappen, Tomaten, Teppich, …

S. 32–33: Darin ist der Geburtstagskuchen!

Die Wörter zu den Bildern:

 Leitkegel

 Helm

 Schlauch

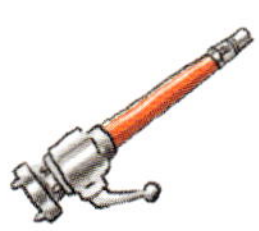 Spritze

 Blaulicht

 Lenkrad

 Feuerwehr

 Luftballons

 Feuerwehrfrau

 Hof

 Kinder

 Eltern

 Mädchen

 Feuerwehrmann

 Kinn

 Daumen

 Halle

 Feuerwehrautos

 Autotüren

 Kind

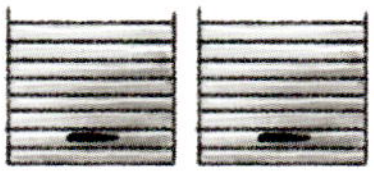 Rollladen

 Feuerwehrauto

 Schläuche

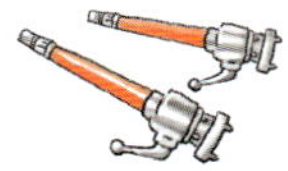 Spritzen

 Leitkegel

 Werkzeug

 Axt

 Feuer

 Hände

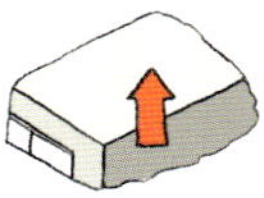 Decke

 Tränen

 Augen

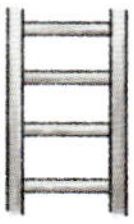 Leiter

 Stiefel

 Herd

 Bett

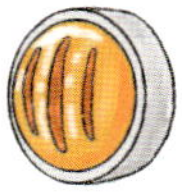 Lampe

 Sofa

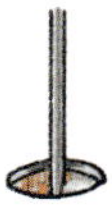 Stange

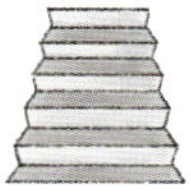 Treppe

 Feuerwehrleute

 Uhr

 Tür

 Zimmer

 Betten

 Fitnessgeräte

 Muskeln

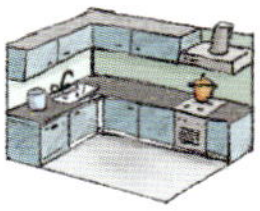 Küche

 Spiegeleier

 Gurken

 Salat

 Karten

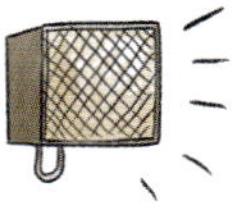 Lautsprecher

 Koch

 Pfanne

 Herdplatte

 Stein

 Zweige

 Rauch

 Streichhölzer

 Eimer

 Tisch

 Kreis

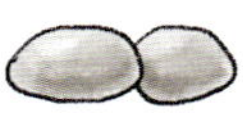 Steine

 Papier

 Tasche

 Streichholz

 Hand

 Flamme

 Finger

 Wasser

 Schaufel

 Sandhaufen

 Sand

 Papa

 Kuchen

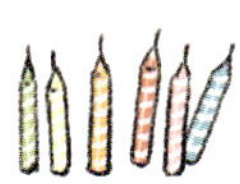 Kerzen

 Braten

POLIZEI

Ein Tag bei der Polizei

Tag der offenen Tür!

Profifrage

Wer hat sich hier eingeschlichen?

Such mal!

Schulterklappe

Bildschirm

Wachtisch

Funkgerät

Arrestzelle

Handschellen

Heute hat die Polizei ihre 

für alle  geöffnet.

Lisa und Leo sind auch da.

„Ich werde später “,

sagt Lisa.

Leo meint:

„Und ich werde  !“

„Hoffentlich nicht“, sagt Papa.

An der  begrüßt sie

ein freundlicher  .

„Willkommen bei der Polizei“,

sagt der  .

Er hat vier 

auf seiner  .

„Haben Sie schon viele

 gefangen?“,

fragt Lisa.

„Klar“, sagt der 

und zeigt seine .

Papa und die  besichtigen

die Leitstelle.

Am  sitzt eine  .

Sie erklärt:

„Hier klingelt das  ,

wenn jemand die 110 wählt.

Dann sage ich den Kollegen

in den ,

 und 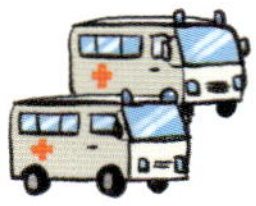,

wo sie hinfahren müssen.“

Im Besprechungsraum

stehen viele  und .

An der  hängt eine .

„Wie in der “,

findet Lisa.

An der  hängt auch ein  :

Was wohl ein Flugsimulator ist?

Leo und Lisa schnappen sich

 und 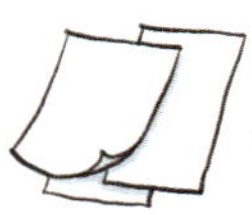 .

Die fertigen 

hängen sie an die  .

Anschließend schauen sie

in eine  .

Ein  erklärt: „Hier sperren

wir zum Beispiel  ein,

bis sie ins  kommen.“

Papa legt sich auf das 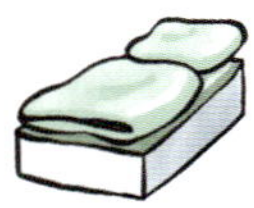 .

„Steh wieder auf!“, ruft Leo.

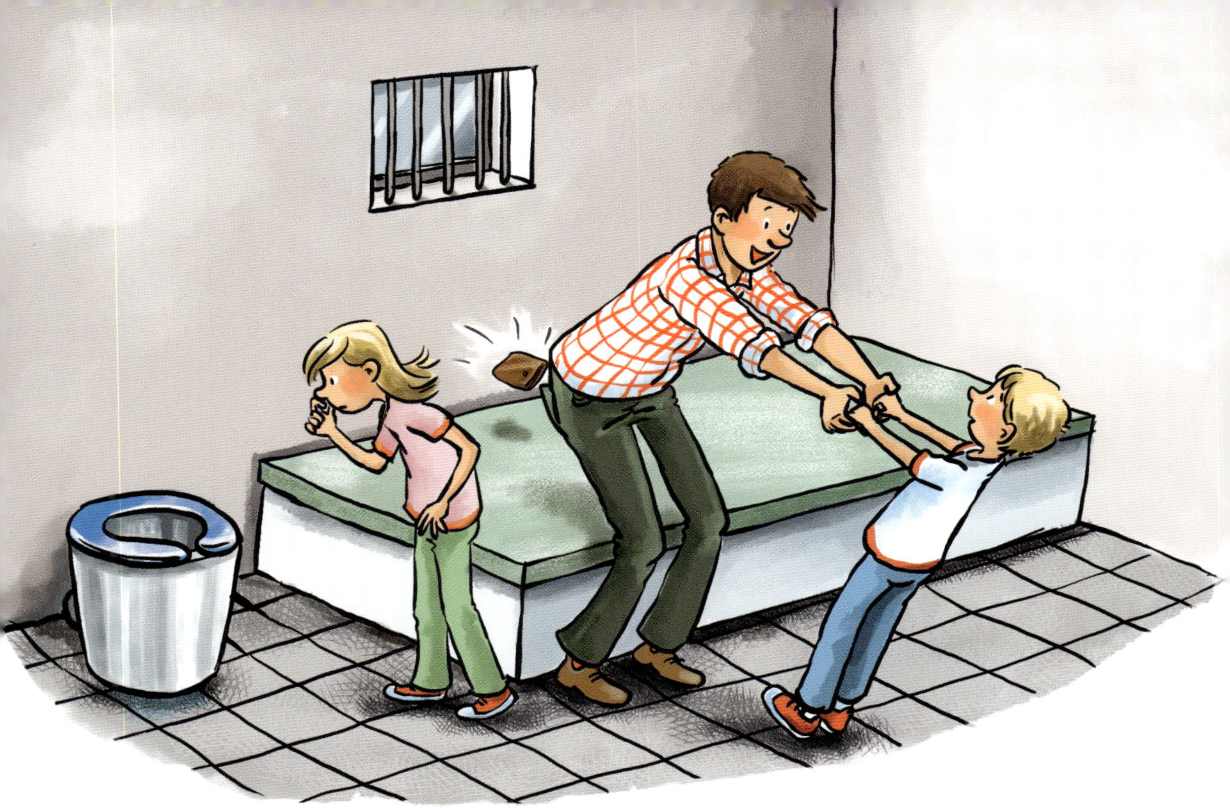

„Na gut“, sagt Papa.

„Die 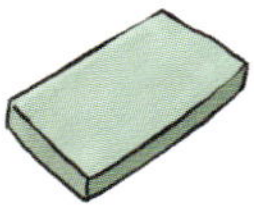 ist sowieso

hart wie ein .“

„Das  steht neben dem 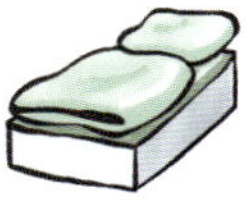“,

sagt Lisa und rümpft die .

So fährt die Polizei

Profifrage

Wie viele Räder haben die drei Fahrzeuge insgesamt?

Such mal!

Streifenwagen

Leitkegel

Mannschafts-
wagen

Kelle

Blaulicht

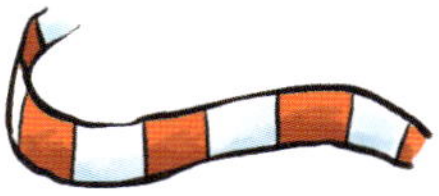

Absperrband

Sie gehen in den .

„Da steht ein !“, ruft Leo.

Eine  hilft ihm,

auf den  zu klettern.

Dann besichtigen die 

einen  .

Der hat einen 

zwischen den 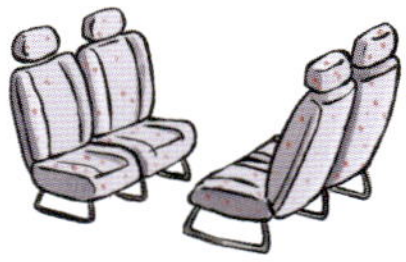 .

„Wie im  !“, sagt Leo.

Nun schauen sie sich den  an.

Neben dem  ist ein .

An der  hängen

zwei  und eine .

Am Armaturenbrett sind viele .

Leo darf auf einen  drücken.

Lisa liest vor, was jetzt

zwischen den  steht:

„Dann müssen die 

anhalten“, sagt Leo.

„Stimmt“, sagt der .

„Und  und  auch.“

Im  des 

ist alles, was man

bei einem  braucht.

 und 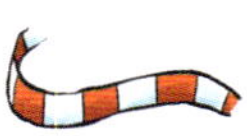,

, ein  und vieles mehr.

Auf den  liegt eine .

Sie hat vorne eine grüne 

und hinten eine rote .

Wenn die grüne  leuchtet,

dürfen die  fahren.

Bei einer roten 

sollen sie stehen bleiben.

Ein echter Fährtenhund

Profifrage

Was im Bild fängt alles mit H an?

Such mal!

Polizeihund

Hundeführer

Wache

Pedale

Steuerknüppel

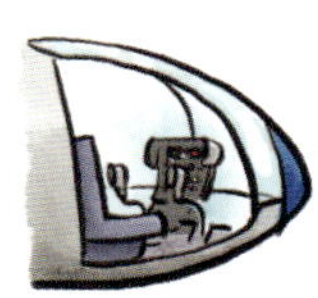

Cockpit

Im  hinter der 

sitzen jetzt  neben

ihren  .

Die  mit dem  erklärt:

„Mit ihrer feinen 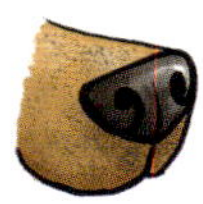

finden unsere  alles.

Rico führt das jetzt mal vor.

Wer leiht uns etwas

aus seiner  ?“

RICO

„Papa, du!“, ruft Leo.

Papa greift in seine  .

Sein  wird blass.

„Mein  ist weg!“, ruft er.

„Den muss ich in der 

verloren haben.“

„Prima!“, sagt die  .

„Darf Rico mal an Ihrer  schnuppern?“

Papa nickt. Rico schnuppert.

Dann läuft der  los.

„Kommt“, sagt die 

zu Leo und Lisa.

Mit der 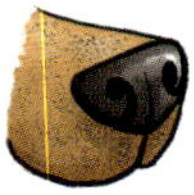 am Boden

läuft Rico zum .

Dann zum 

und zum .

Dort ist der  nicht.

Der  läuft in die .

In der 

schnuppert Rico am 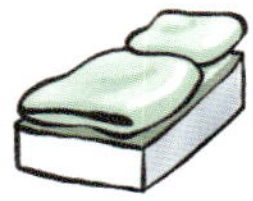.

Dann legt er sich hin.

Die  hebt die 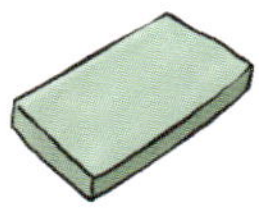 hoch.

An der  klemmt Papas !

„Ein toller !“, lobt Papa.

Zurück im 

zeigen jetzt die anderen ,

was sie können.

Einer springt durch das 

in ein fahrendes !

Ein anderer  verfolgt

einen  im Schutzanzug

und wirft ihn um.

Leo reißt die  auf.

„Ich möchte doch nicht

 werden“, sagt er.

„Ich werde  mit !“

Da ertönt ein  :

„Wer ein  gemalt hat, darf sich

jetzt beim  anstellen.

Darin ist nämlich

unser Flugsimulator.“

Kurz danach hilft der 

Leo und Lisa in das 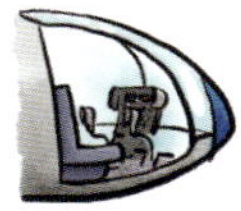.

Er startet den .

Auf zwei 

erscheinen  und .

Lisa legt ihre 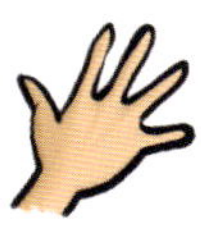

auf den .

Leo darf die  bedienen.

Schon fliegen sie los!

Als sie wieder aussteigen,

fragt Papa: „War es schön?“

Lisas 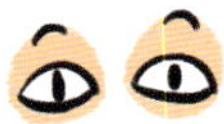 leuchten.

„Leo wird  mit “,

sagt sie.

„Und ich werde 

mit !“

Lösungen

S. 52–53: Eine Katze sitzt in der Arrestzelle!

S. 64–65: Die Fahrzeuge haben insgesamt 10 Räder.

S. 72–73: Hundeführer, Haare, Haarspange, Hubschrauber, Hände, Hunde, Häuser, Hosen, Hemden, …

Die Wörter zu den Bildern

Schulterklappe

Bildschirm

Wachtisch

Funkgerät

Arrestzelle

Handschellen

Türen

Menschen

Polizistin

Verbrecher

Tür

Polizist

Sterne

Verbrecher

Kinder

Telefon

Streifenwagen

Feuerwehrautos

Krankenwagen

Tische

Stühle

Wand

Tafel

Schule

Zettel

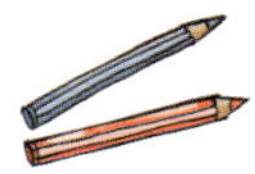
Buntstifte

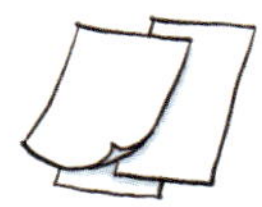
Papier

Bilder

Gefängnis

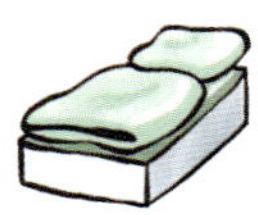
Bett

Matratze

Brett

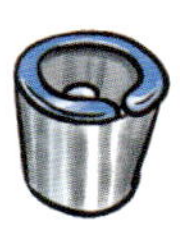
Klo

Nase

Streifenwagen

Leitkegel

Mannschaftswagen

Kelle

Blaulicht

Absperrband

Hof

Polizeimotorrad

Sitz

Tisch

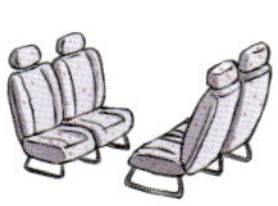
Sitze

ICE

Lenkrad

Windschutzscheibe

Rückspiegel

Kamera

Knöpfe

Knopf

Blaulichter

Autos

Motorräder

Lkws

Kofferraum

Unfall

Kreide

Maßband

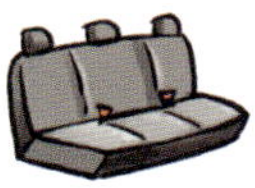

Rücksitze

Lampe

Lampe

Polizeihund

Hundeführer

Pedale

Steuerknüppel

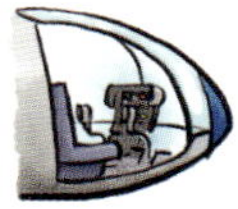

Cockpit

Gras

Polizeiwache

Hundeführerin

Mikrofon

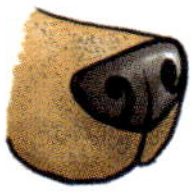

Nase

Polizeihunde

Hosentasche

Gesicht

Geldbeutel

Hose

Fenster

Auto

Mann

Augen

Lautsprecher

Bild

Hubschrauber

Pilot

Computer

Bildschirme

Bäume

Häuser

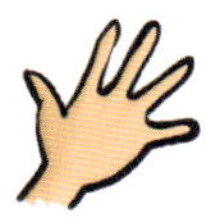

Hand

POLIZEI

Leseprofi von Duden –

1. Klasse

Jeweils 48 Seiten, gebunden.

Beste Freundinnen
ISBN 978-3-7373-3492-1

Ferien auf der Blaubeerinsel
ISBN 978-3-7373-3472-3

Eine Mumie geht zur Schule
ISBN 978-3-7373-3447-1

Ein Bär reißt aus
ISBN 978-3-7373-3644-4

Die geheimnisvolle Schatzkarte
ISBN 978-3-7373-3218-7

Das Geheimnis der Dracheninsel
ISBN 978-3-7373-3490-7

von Anfang an richtig

2. Klasse

Jeweils 64 Seiten, gebunden.

Diamantenklau im Hafen
ISBN 978-3-7373-3471-6

Eine Gruselnacht im Zelt
ISBN 978-3-7373-3442-6

Die Bienenretter
ISBN 978-3-7373-3475-4

BMX und sonst nix!
ISBN 978-3-7373-3374-0

Ein Schultag im alten Rom
ISBN 978-3-7373-3467-9

Meerschweinchenvampir
ISBN 978-3-7373-3416-7

Alle Duden Leseprofis finden Sie unter
www.duden-leseprofi.de